Mãezinha das Lágrimas

Esta devoção vai santificar a nossa nação

Autora

Carla Augusta Seixas Carneiro Silvestre

Ilustração

Carla Augusta Seixas Carneiro Silvestre

Carolina Leopoldo

1ª edição, 2024

Carla Augusta Seixas Carneiro Silvestre é mãe de três meninos maravilhosos, esposa de Marcelo Silvestre, devota de Nossa Senhora das Lágrimas e escreveu este livro em sinal de sua fé e gratidão.

Carolina Leopoldo é mãe do Murilo e amiga de infância de Carla.
Ela foi convidada a colaborar em parte da ilustração deste livro e se sentiu muito especial com o convite. É designer e esta é a sua primeira obra em co-participação em ilustração.

Nossa Mãezinha
dos céus ...

... ama seus filhos de todo coração.

Ela já apareceu negra.

Ela já apareceu branca.

Ela já apareceu asiática.

Ela já apareceu indígena.

Porém, o mais importante não é a sua imagem...

...e sim, a sua mensagem.

E ela sempre pede para amar
a Jesus e orar todos os dias.

Nossa Senhora das Lágrimas se apresentou pela primeira vez, em 8 de março de 1930, em Campinas/SP

Ela vestia uma
túnica violeta,
um manto azul
e um véu branco
que cobria seu
peito e ombros.

Embora os meios de salvação, revelados pela Nossa Mãezinha, tenham chegado em alguns países, sabemos que eles permaneceram durante várias décadas quase desconhecidos.

Nossa Senhora das
Lágrimas prometeu
que quem orar à
sua coroa, ficará
protegido do mal.

Oremos (contas grandes):

"Vede, ó Jesus! Que são as lágrimas d'aquela que mais vos amou na Terra e mais vos ama no céu."

Oremos (contas pequenas):

"Meu Jesus, ouvi nossos rogos pelas lágrimas de vossa Mãe Santíssima."

Na medalha, oremos:

"Por Vossa mansidão divina, ó Jesus Manietado, salvai o mundo do erro que o ameaça!"

Na medalha, oremos:

"Ó Virgem Dolorosíssima,
as Vossas lágrimas
derrubaram o império infernal!"

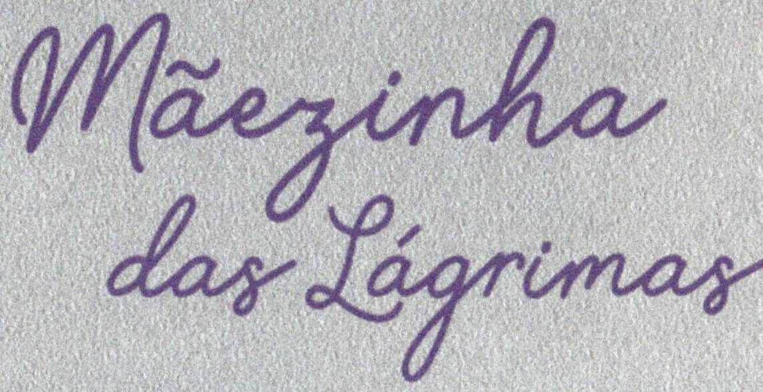

Para saber mais sobre as diversas aparições de nossa Mãezinha:

Nossa Senhora das Lágrimas
https://www.youtube.com/watch?v=iZOHoERKdlI&t=7s

Nossa Senhora das Graças
https://www.youtube.com/watch?v=GLXsv3AduUA

Nossa Senhora de Fátima
https://www.youtube.com/watch?v=1-mSPDc1HM4

Nossa Senhora da Conceição Aparecida
https://www.youtube.com/watch?v=ouuzns7X3uU

Nossa Senhora da Rosa Mística
https://www.youtube.com/watch?v=JGEmRKdvwlY

Nossa Senhora Akita
https://www.youtube.com/watch?v=dWdvrpRgJrg

Nossa Senhora de Guadalupe)
https://www.youtube.com/watch?v=au_aL1RpxzY

"Esta devoção vai santificar a nossa nação. Amém!"

www.ingramcontent.com/pod-product-compliance
Lightning Source LLC
LaVergne TN
LVHW010359160826
845677LV00005BA/1316

* 9 7 8 6 5 2 6 6 2 0 5 9 5 *